지킴이 안전 교육 동화 교과 연계

＊보육·유치 과정
기본 생활 : 안전한 생활
사회관계 : 사회적 관계
자연 탐구 : 과학적 탐구
건강 생활 : 안전하게 생활하기
사회생활 : 가족과 함께 생활하기
탐구 생활 : 과학적 기초 능력 기르기

＊초등학교 과정
1학년 1학기 바른 생활 : 바른 자세
2학년 1학기 바른 생활 : 함께 지켜요
2학년 2학기 바른 생활 : 지키면 안전해요 /
　　　　　　　　　　　　생명의 소중함

글 꿈바라기

아이들이 아름답고 예쁜 마음을 가지고 자라길 바라며
글을 쓰고 있는 전문 작가 그룹이에요. 아이들이 안전에 대해 인식하고
스스로를 지키며 건강한 어른으로 성장하길 바라며 〈지킴이 안전 교육 동화〉를 썼어요.

그림 수아

현재 프리랜스 일러스트레이터로 일하며 다양한 전시회에 참여해 많은 사람들과 그림으로 소통하기 위해 노력하고 있어요.
그린 책으로는 〈난 밤이 너무 무서워!〉 〈나 좀 괴롭히지 마!〉 〈아빠는 외계인〉 외 다수가 있으며
재미있고 재기발랄한 그림을 그리고 있어요.

추천 및 감수 (사)한국생활안전연합

(사)한국생활안전연합은 '어린이가 안전하면 모두가 안전하다' 라는 생각으로
사회적 약자가 안전한 세상을 만들어 가는 데 앞장서는 대한민국의 대표 안전 비영리공익법인입니다.
한국생활안전연합은 어린이가 안전한 세상을 만들기 위해서 어린이들의 안전한 등하굣길 만들기
S·L·O·W 캠페인, 안전한 가정 만들기 Safe Home Start 캠페인, 보육 시설 안전 캠페인,
안전교육프로그램 개발 및 교재 출판, 어린이·학부모·교사 대상 방문 안전 교육 실시, 안전과 관련된 정책 및
입법 활동, 학술 연구 및 실태 조사, 국내외 안전 단체와의 교류 등 안전 문화를 확산하는 데 앞장서고 있습니다.
(www.safia.org)

지킴이 안전 교육 동화 56 강아지에게 물렸어요!

글 꿈바라기 | 그림 수아
펴낸날 2011년 4월 20일 | **펴낸이** 박도선 | **펴낸곳** 풀잎나라
출판등록 1999년 6월 10일, 제10-1773호
주소 413-756 경기도 파주시 교하읍 서패리 243-1
대표 전화 1644-7123 | **팩스** 031-948-7124
전자메일 dosi1@chol.com
홈페이지 www.pullipnara.co.kr

ⓒ풀잎나라 2011, Pullipnara
이 책은 풀잎나라에서 저작권을 소유하고 있으므로
본사의 동의나 허락 없이 글이나 그림, 사진을 사용할 수 없습니다.

*풀잎나라는 태동출판사의 어린이책 전문 브랜드입니다.

*잘못된 책은 구입한 곳에서 바꿔드립니다.

강아지에게 물렸어요!

글 꿈바라기 | 그림 수아

우리 집에 새 가족이 생겼어요.
갈색의 예쁜 푸들이에요.
"와, 정말 귀엽다."

그런데 동생은 매일 강아지를 괴롭혔어요.
강아지가 낑낑대도 말이에요.

그러던 어느 날,
동생이 실수로 강아지를
떨어뜨리고 말았어요.
"깨갱 깽깽!"

그 뒤로 강아지는 동생을 슬슬 피해 다녔어요.
"강아지야, 같이 놀자."
동생이 아무리 말해도 강아지는
계속 도망치기만 했지요.

"흥! 감히 나를 피해 다녀?"
동생은 화가 났는지 강아지를 파리채로 때리기도 했어요.

동생이 또 강아지를 괴롭히러 와요.
그런데 동생이 강아지를 잡으려는 순간,
강아지가 동생의 팔을 꽉 깨물고 말았어요.
"아얏!"

동생의 팔은 퉁퉁 부어올랐어요.
"엄마, 팔에 열도 나는 것 같아요.
엉엉."

엄마는 동생 팔을 흐르는 물로 씻고는
소독약을 발라 주었어요.
그리고 거즈를 붙였지요.

병원으로 데려가 주사도 맞혔어요.
"동물에게는 독이 있을 수도 있으니,
물리면 꼭 주사를 맞아야 해."

집에 오자 엄마가 동생에게 말했어요.
"강아지는 사람보다 힘이 약하단다.
놀고 싶다고 괴롭히면 강아지는 화가 나겠지?
앞으로는 강아지를 돌보고 사랑해 주렴."
"네, 엄마."

동생은 미안한 얼굴로 강아지를 꼭 안아 주었어요.
"강아지야, 앞으로는 정말 예뻐해 줄게."
그러자 강아지도 기분이 좋은지
동생의 볼을 핥았어요!

똑똑 어린이가 되어요!

애완동물에게 물렸을 때 응급 처치

- 피가 흐르는 경우 먼저 지혈을 해요.
- 흐르는 물에 상처 부위를 씻어 내고 소독약을 발라요.
- 애완동물이 광견병 예방 주사를 맞았는지 확인하고, 상처가 가벼워도 병원에 가 진찰을 받아요.

부모님께

아무리 순한 애완동물이라도 야성적 본능이 있어서 사람을 물 수 있습니다. 더구나 사람이 귀를 잡아당기거나 발로 차거나 던지는 행동을 하면 애완동물도 사람을 공격하게 됩니다. 특히 새끼를 돌보고 있을 때나 먹고 있을 때, 자고 있을 때 건드리면 자신이나 새끼를 보호하기 위해 화를 내며 물기도 합니다. 애완동물에게 물렸을 때는 상처 부위를 빨리 흐르는 물에 씻고 소독한 뒤 거즈를 붙이고 병원에 가서 치료를 받는 것이 가장 안전한 방법입니다.

안전한 행동을 알아요

우리 집에 예쁜 강아지 한 마리가 생겼어요. 그런데 동생이 강아지를 괴롭혀요.
다음 그림에서 올바른 행동에는 ○, 잘못된 행동에는 ×를 하세요.

(   )   (   )   (   )

퍼즐 조각 맞추기

다음 그림의 빈 곳에 알맞은 퍼즐 조각을 찾아 번호를 쓰세요.

①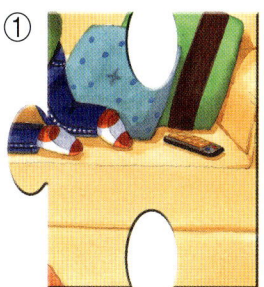

②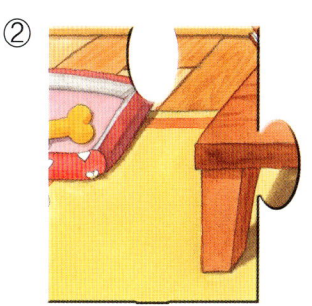

③

〈참고 자료〉
교육인적자원부(2006), 유아를 위한 성교육 프로그램, 교육인적자원부
교육인적자원부(2007), 제7차 유치원 교육과정 해설, 교육인적자원부
교육인적자원부(2007), 유아를 위한 전자미디어교육 활동 자료, 교육인적자원부
보건복지가족부(2008), 연령별 보육프로그램 운영매뉴얼, 육아정책개발센터
윤선화 · 정윤경 · 이경선(2010), 영유아를 위한 안전교육과 안전교육 프로그램, 한국생활안전연합

안전 관련 기관

＊교통안전
  도로교통공단 www.koroad.or.kr
  한국생활안전연합 슬로우 어린이교통안전 캠페인 www.slow.kr

＊놀이 안전
  한국생활안전연합 놀이터안전센터 www.playsafety.or.kr

＊가정 안전
  안전한 가정 만들기(Safe Home Start) 캠페인 www.safehome.or.kr

＊화재 및 화상 안전
  소방방재청 www.nema.go.kr
  119 안전신고센터 www.119.go.kr   전화 : 국번없이 119
  한국전기안전공사 www.kesco.or.kr
  한국가스안전공사 www.kgs.or.kr

＊재난 안전
  기상청 www.kma.go.kr
  국립방재연구소 www.nidp.go.kr

＊유괴 및 미아, 성폭력 예방
  경찰청 실종아동찾기센터 www.182.go.kr   전화 : 국번없이 182
  중앙아동보호전문기관 www.korea1391.org   전화 : 1577-1391 또는 국번없이 129
  서울해바라기아동센터 www.child1375.or.kr   전화 : 02-3274-1375
  여성긴급전화 www.seoul1366.or.kr   전화 : 각 지역번호+1366
  한국성폭력상담소 www.sisters.or.kr   전화 : 02-338-5801~2
  한국생활안전연합 www.safia.org   전화 : 02-3476-0119

＊식품 및 약물 안전
  식품의약품안전청 www.kfda.go.kr
  질병관리본부 www.cdc.go.kr

＊승강기 안전
  한국승강기안전관리원 www.kesi.or.kr
  한국승강기안전기술원 www.kest.or.kr

＊기타
  응급의료정보센터 www.1339.or.kr   전화 : 국번없이 1339